AF482844

# RAPPORT

## DU COMMUNAL D'INSTRUCTION PRIMAIRE DE LA VILLE DE LILLE,

Le 5 Avril 1843.

# RAPPORT

*Lu au Comité communal d'instruction primaire
de la ville de Lille,*

*Le 3 Avril 1843,*

*Par M. Ed. Gachet, membre du Comité.*

---

*Messieurs,*

En présence de la démoralisation toujours croissante des classes ouvrières, il n'est pas un bon citoyen qui ne cherche à apporter au mal quelque remède. Pour nous, qui sommes chargés par la loi de la direction des écoles, nous devenons, pour ainsi dire, responsables de l'avenir moral des enfants, dont nous avons accepté le patronage. Si nous ne travaillons pas à éclairer leur conscience, à les fortifier contre les mauvaises passions, nous trahissons un devoir sacré envers eux et envers la société.

Le mal est grand, Messieurs; plusieurs de vous ont pu le reconnaître et en sonder toute la profondeur dans les bureaux de charité et dans les prisons. Les consciences s'oblitèrent, la lumière morale s'obscurcit. Le respect de la propriété se perd. Tous les jours, la puissance de la société est attaquée et amoindrie. Nous commençons à voir des criminels sans remords. Les liens mêmes de la famille se dénouent; à la plaie des enfants abandonnés dès leur naissance, vient s'ajouter une plaie jusqu'ici inconnue, celle de chefs de famille abandonnant leurs femmes et leurs enfants, afin d'augmenter leur bien-être ; celle d'enfants désertant la maison paternelle dès l'âge de quatorze à quinze ans, pour échapper aussi aux privations communes, de telle sorte que le nombre des créatures faibles, invalides, sans appui, se multiplie incessamment et pèse de plus en plus sur la charité publique.

Dans un tel état de choses, nous trahirions, je le répète, nos devoirs, si nous négligions quelque moyen de régénérer la population indigente. La loi du 28 juin 1833, en faisant de l'instruction morale et religieuse la première condition de toute école publique ou privée, a montré l'importance qu'elle y attachait. Cette instruction est à nos yeux une dette de la Société envers chaque enfant. Ce n'est qu'en promulguant la loi morale et en éclairant les consciences, que la puissance publique acquiert plus tard le droit de répression et donne une sanction à ses arrêts.

Quelle est donc notre douleur, Messieurs, en voyant les écoles qui s'occupent le plus de l'amélioration morale de l'enfance, frappées de réprobation, et mises en dehors de l'appui communal ! Je sais que cette question est irritante pour beaucoup d'esprits ; il serait plus commode et plus doux de garder le silence, afin de ne déplaire à personne. Mais nous n'avons pas l'habitude de faire taire notre conscience. La loi nous a donné à défendre les intérêts moraux de nos jeunes concitoyens ; nous ne ferons pas défaut. Nos intentions sont droites ; notre but est l'accomplissement d'un devoir ; nos moyens sont loyaux. Pourquoi craindrions-nous ? Loin de nous toute récrimination, tout appel aux passions ! Nous nous bornerons à présenter une série de faits propres à éclairer l'Administration et le Conseil municipal, avec lesquels nous sympathisons, dans tout ce qui est libéral et favorable aux classes pauvres.

Disons-le tout d'abord. On s'occupe beaucoup plus de l'instruction du peuple aujourd'hui, qu'on ne le faisait sous l'Empire, et même pendant les premières années de la Restauration. Depuis que, par nos domestiques et nos ouvriers, nous touchons, pour ainsi dire, du doigt, dans nos maisons et dans nos ateliers, la plaie de l'immoralité, nous avons dû reconnaître que la probité, la tempérance, la dignité du peuple, sont les premières conditions de l'économie générale, et qu'il n'importe pas moins d'avoir des ouvriers honnêtes, consciencieux, assidus, que de se servir de machines fonctionnant avec précision et exactitude.

Depuis que nous avons éprouvé pour nos propres enfants la nécessité de principes qui vinssent éclairer et fortifier leurs âmes, garantir leurs mœurs, nous avons cherché à procurer le même bienfait à ces enfants qui, nous aurions beau nous en défendre, croissent pour la félicité ou la calamité publique, pour l'honneur ou la honte de la commune patrie. Nous commençons à comprendre que, dans les vues de la Providence, tous les Membres d'une société sont solidaires les uns des autres.

En 1818, nous ne voyons figurer au budget de la ville de Lille, pour le service de l'instruction primaire, qu'une somme de 1,500 francs, partagée entre plusieurs instituteurs privés, qui recevaient un certain nombre d'élèves gratuits. On dépensait justement la même somme pour une école d'équitation.

Une rivalité, qui s'établit entre les écoles mutuelles et les écoles des Frères, vint enfin, en 1819, appeler l'attention publique sur l'instruction des enfants du peuple. Il semble que toujours le progrès soit le prix de la lutte. Dès-lors, le nombre des élèves et des écoles va croissant.

En 1819, à côté des 1,500 francs pour les instituteurs privés, deux allocations figurent au budget communal, pour des écoles publiques : l'une, de 5,400 francs pour les écoles chrétiennes, l'autre, de 4,000 francs pour une école mutuelle.

Monsieur le Maire s'exprime ainsi dans un rapport adressé au Conseil municipal, en 1820 :

« Les moyens d'instruction gratuite pour la classe indi-
» gente se multiplient.

» Pour les enfants du sexe, indépendamment des écoles
» dominicales, on compte la maison des Sœurs de Sainte-
» Thérèse ; et des demandes, sur lesquelles vous avez émis
» un vœu approbatif, sont faites au gouvernement pour
» autoriser la congrégation des Dames Franciscaines et
» Ursulines.

» L'école des Frères de la doctrine chrétienne a, depuis
» votre dernière session, reçu un accroissement qu'exigeait
» le grand nombre d'enfants enregistrés sans pouvoir être
» admis dans les deux classes mises en activité en juillet
» dernier ; trois autres classes, pour lesquelles vous avez
» voté les fonds nécesssaires, ont été ouvertes dans le
» mois de décembre suivant, et les chefs de famille ont telle-
» ment apprécié la bonté de cette institution, que les nou-
» velles classes ont non-seulement été bientôt complètes,
» mais encore que tous les enfants présentés n'ont pas été
» reçus.

» L'école d'enseignement mutuel vient de s'ouvrir ; déjà
» on y compte plus de 100 élèves, et le nombre pourra
» en être porté à 300.

» Ces deux établissements offrent donc tous les moyens
d'instruire gratuitement plus de 700 jeunes gens. »

En 1821, Monsieur le Maire s'exprime ainsi :

« Ma sollicitude se tourne principalement vers l'ins-
» truction gratuite, si nécessaire et depuis si longtemps
» négligée. Je cherche sans cesse à en augmenter les
» moyens. Vous m'avez puissamment secondé en votant
» des fonds pour les écoles chrétiennes, pour celle des
» Sœurs de Sainte-Thérèse et pour l'école d'enseignement
» mutuel.

» Environ 900 enfants des deux sexes y sont gratuitement » instruits. »

Nous manquons de renseignements pour le chiffre de la population des écoles jusqu'en 1826. On s'était plaint que l'école mutuelle était peu fréquentée. Le Conseil municipal avait décidé que l'instituteur serait rétribué à raison de 12 francs par élève. Il reçut cette année-là 1,680 francs, ce qui porterait le nombre des élèves à 140. Plus tard, l'instituteur réclama, et le traitement remonta à 2,000 francs.

En 1830, l'allocation de l'école mutuelle était portée à 2,500 francs, et celle des Frères à 7,800.

En 1830, les écoles chrétiennes comptaient 1,080 élèves, dont 868 pour les classes du jour, et 212 pour celles du midi.

En 1833, le nombre des élèves, dans ces dernières écoles, se répartissait ainsi :

$$
\begin{array}{lr}
\text{Ecoles du jour.} & 1083 \\
\text{midi.} & 215 \\
\text{soir.} & 164 \\
\hline
& 1462
\end{array}
$$

En 1834, on comptait dans les écoles mutuelles :

$$
\begin{array}{lr}
\text{Ecoles du jour.} & 638 \\
\text{midi.} & 190 \\
\text{soir.} & 75 \\
\hline
& 903
\end{array}
$$

On lit dans les propositions de Monsieur le Maire, en 1837, que le nombre des élèves des écoles communales ( école mutuelle des filles comprise ) était d'environ 1,500. Le rapport fait en 1838, par la commission des écoles chrétiennes, porte le nombre de leurs élèves à 2,006.

Voici quelle est aujourd'hui la statistique de toutes les écoles publiques :

### ÉCOLES MUTUELLES DE GARÇONS. ( COMMUNALES ).

| | | |
|---|---|---:|
| ÉCOLES DU JOUR. | Rue Wicart. . . . . . . | 170 |
| | Rue des Fleurs . . . . . | 180 |
| | Place du Concert . . . . | 195 |
| | Cour des Bourloires . . . | 180 |
| DU MIDI. | Rue Wicart . . . . . . . | 86 |
| DU SOIR. | Place du Concert. . . . . | 105 |
| | Cour des Bourloires. . . . | 125 |
| | | 1041 |

### ÉCOLES MUTUELLES DE FILLES. ( COMMUNALES ).

| | |
|---|---:|
| ÉCOLE DU JOUR. . . . . . . . . . . . | 120 |
| DU MIDI. . . . . . . . . . . . | 100 |
| | 220 |

### ÉCOLES DES FRÈRES DE LA DOCTRINE CHRÉTIENNE. ( NON COMMUNALES ).

| | | |
|---|---|---:|
| ÉCOLES DU JOUR. | De la Magdeleine . . . . | 320 |
| | Sainte-Catherine . . . . | 368 |
| | Saint-Maurice . . . . . | 313 |
| | Saint-Sauveur . . . . . | 294 |
| | Saint-André . . . . . . | 245 |
| CLASSES DU MIDI . . . . . . . . . . | | 245 |
| DU SOIR . . . . . . . . . . . | | 353 |
| | | 2138 |

### ÉCOLES DES FILLES DE L'ENFANT JÉSUS. ( COMMUNALES ).

| | | | |
|---|---|---|---:|
| ÉCOLE SAINT-SAUVEUR. | 5 classes | du jour . | 350 |
| | 5 id. | du midi . | 274 |
| SAINT-ÉTIENNE. | 3 id. | du jour. . | 280 |
| | 3 id. | du midi . | 191 |
| DE LA MAGDELEINE. | 4 id. | du jour . | 216 |
| | 4 id. | du midi . | 180 |
| | | | 1491 |

### ÉCOLE PROTESTANTE DE GARÇONS. ( NON COMMUNALE ).

Nombre des élèves . . . 30.

ECOLE PROTESTANTE DE FILLES. ( COMMUNALE ).

Nombre des élèves . . . 34

ÉCOLES DES SOEURS DE N.-D. DE BON-SECOURS. ( COMMUNALES ).

| | | |
|---|---|---|
| ÉCOLE SAINT-ÉTIENNE. | Du jour . | 275 |
| | Du midi . | 100 |
| SAINTE-CATHERINE. | Du jour . | 205 |
| | Du midi . | 105 |
| | | 685 |

Ajoutons à toutes ces nobles et utiles institutions, la classe ouverte depuis un an par les dames du Sacré-Cœur, qui ont voulu apporter aussi leur tribut à l'éducation morale des enfants. Cette école, qu'on peut considérer comme une école primaire supérieure de filles, compte 130 élèves divisées en cinq classes, présidées chacune par une maîtresse. Elle est entièrement gratuite, et les enfants s'y rendent dès six heures du matin.

Ajoutons enfin notre école primaire supérieure de garçons, recevant, d'après le chiffre porté aux propositions de Monsieur le Maire, de cette année, 96 élèves, et nous nous élèverons, dans l'ordre de l'instruction primaire, au nombre de 5,866 élèves enseignés gratuitement.

Il faut le dire, à l'honneur de la ville de Lille, je ne crois pas qu'aucune autre ville de France dépasse ce chiffre, eu égard à la population.

Nous pouvons donc le répéter avec assurance. Un progrès s'est accompli depuis 25 ans dans l'instruction du peuple, et nous en rendons grâce au zèle et à la charité de tous ceux qui ont pu y contribuer.

Passons maintenant à l'examen des ressources des écoles. Assurons-nous si le nombre des maîtres est proportionné à celui des élèves, si les enfants indigents sont munis de tous les objets nécessaires à leur instruction, si tous les locaux sont suffisants, aérés et salubres.

## ÉCOLES MUTUELLES DE GARÇONS.

*Extrait des propositions de M. le Maire pour 1843.*

| | |
|---|---:|
| Traitement des 4 professeurs des écoles du jour. . . . | 8000 |
| — du professeur de l'école du soir . . . . . | 300 |
| — du professeur de l'école de chant . . . . | 300 |
| Frais du cours de chant. . . . . . . . . . . | 200 |
| Loyer d'une des écoles de garçons. . . . . . . . | 600 |
| Fournitures diverses , entretien du mobilier, chauffage . . . . . . . . . . . . . . . . . . . | 2000 |
| Distribution des prix. . . . . . . . . . . . | 900 |
| Fournitures, chauffage et éclairage pour l'école du soir. | 1100 |
| Récompenses aux moniteurs et aux monitrices . . . . | 375 |
| Dépenses imprévues et frais de bureau . . . . . . | 325 |
| Ajoutons à ces divers crédits, l'indemnité aux parents de douze élèves des écoles primaires communales d'enseignement mutuel, désignés par le Conseil municipal, sur la proposition du Comité local, pour être admis à l'école supérieure. . . . . . . . . | 1500 |
| Ajoutons de plus les subsides du Bureau de bienfaisance : | |
| Deux professeurs des écoles de midi. . . . . . . | 900 |
| Abonnement avec le Comité local pour fournitures de ces deux écoles . . . . . . . . . . . . . | 400 |
| | 16900 |

## ÉCOLES MUTUELLES DE FILLES.

| | |
|---|---:|
| Traitement de l'institutrice de l'école du jour . . . | 1500 |
| de l'école du midi . . . | 300 |
| Subside du Bureau de bienfaisance pour une maîtresse d'ouvrages . . . . . . . . . . . . . . . | 314 |
| | 2114 |
| Total pour les filles. . . . . . | 2114 |
| Total pour les garçons . . . . . | 16900 |
| Total général pour les écoles mutuelles de garçons et de filles. . . . . . . . . . . . . . . . | 19,014 |
| Ou par an, pour chaque élève. . . . | 15 francs 23 cent. |

Nous ne blâmons aucune de ces dépenses ; les bourses d'admission à l'école primaire supérieure , dont nous avons nous-même suggéré la pensée à un honorable Conseiller , ont toutes nos sympathies. Nous louons également le Bureau de bienfaisance de sa libéralité envers l'instruction primaire : l'éducation morale est certainement la plus belle aumône qu'on puisse faire aux enfants indigents.

Mais nous le disons, avec une douleur profonde et les plus vifs regrets, la source généreuse qui coulait si largement va devenir avare, puis tarir.

ÉCOLE COMMUNALE DES FILLES DE L'ENFANT JÉSUS.

Subside de la ville , pour les 12 classes du jour
ou 208 f. par institutrice. . . . . . . 2500

Subside du Bureau de bienfaisance, pour les 12
Religieuses qui tiennent les 12 classes de midi. . 900

C'est-à-dire 75 f. par an pour chaque maîtresse

Subside du même Bureau , pour le loyer de la
classe de la rue du Metz. . . . . . . . . 400

Subside du même Bureau , pour les dépenses
classiques des enfants indigents fréquentant les
écoles de midi , et l'entretien de ces mêmes classes. 375

4175

Total 4175 pour 1491 élèves , ou 2 f. 86 par an pour chaque élève.

Les Sœurs n'ont point le chauffage des classes à payer. — Il ne leur est rien accordé pour les frais de distribution de prix ni pour les fournitures aux indigents qui fréquentent les classes du jour.

Les Filles de l'Enfant Jésus ont à Lille leur maison-mère. Elles desservent notre Hospice général , la maison des femmes en démence et la maison de détention de Loos. Cette Communauté , admirable par son dévoue-ment, est dans une grande pauvreté , et ne peut accorder, surtout aux Sœurs de classe, le repos et les soins dési-rables. Il est à ma connaissance que sur 14 Sœurs reçues institutrices, il y a environ deux ans, trois ont succombé à des phthisies pulmonaires.

ÉCOLE COMMUNALE DES SŒURS DE NOTRE-DAME DE BON-SÉCOURS.

Subside de la ville. . . . . . . . . . . . . 3500

3500 f. pour 685 élèves ou 5 f. 11 c. par an pour chaque élève.

Les Sœurs ne reçoivent rien ni pour les fournitures aux indigents, ni pour les distributions de prix, ni pour le loyer de la classe rue de l'Hôpital militaire.

L'Administration municipale ignore bien certainement cet état de choses. Il y a quelques années, les Sœurs lui adressèrent une réclamation, qui malheureusement ne fut pas accompagnée de tous les éclaircissemens désirables. On lit dans les propositions de Monsieur le Maire en 1839 : « Dans une lettre que la Supérieure des Filles de l'Enfant Jésus m'a adressée le 19 Juin 1838, elle m'a exposé que la Communauté qu'elle dirige donne gratuitement l'instruction primaire à plus de 1200 jeunes filles pauvres et que 16 Religieuses se consacrent à l'enseignement. S'appuyant sur ces faits, elle sollicite de l'Administration municipale un accroissement de subside, sans toutefois en fixer la quotité.

Le Conseil porta le subside de 2000 fr. à 2500.

Dans les propositions de Monsieur le Maire en 1838, on lit relativement aux Sœurs de Bon-Secours le paragraphe suivant :

« Les Religieuses de Bon-Secours ont toujours montré un grand zèle pour l'instruction des jeunes filles pauvres. Leurs classes sont tenues avec beaucoup d'ordre et de soins. Depuis qu'elles ont transféré leur établissement rue de l'Hôpital militaire, elles ont consacré à leurs écoles un vaste local très-convenable à cette destination, et le nombre de leurs élèves est considérablement augmenté. Il est aujourd'hui de 600. En allouant un fonds de 3500, au lieu de 3000, c'est accorder moins de 6 francs par an pour chaque élève.

L'allocation fut portée par le Conseil à 3500.

Confiant dans les bonnes dispositions de Monsieur le Maire et du Conseil municipal, je ne vous ferai aucune proposition au sujet de ces deux écoles communales. Nous ne doutons pas que les éclaircissements que nous venons de donner ne suffisent, pour qu'on accorde aux Sœurs le prix de leurs soins et aux enfans indigents les fournitures et les encouragements nécessaires.

### ÉCOLE PROTESTANTE DE GARÇONS.

Cette école, qui avait demandé un subside à l'Etat il y a près d'un an, ne l'a point encore obtenu. Plusieurs membres du Comité d'arrondissement auraient désiré que la Commune lui accordât sa place au budget. Mais il fut répondu que le refus d'allocation aux écoles des Frères rendait impossible l'allocation aux écoles protestantes de garçons.

### ÉCOLES PROTESTANTES DE FILLES.

Monsieur le Maire, dans ses propositions de 1843, demande pour cette école une allocation de 400 francs.

### ÉCOLES DE LA DOCTRINE CHRÉTIENNE.

Le subside communal, on le sait, fut retiré à ces écoles en 1831. Les préoccupations politiques absorbaient alors un grand nombre d'esprits. Les principes de liberté publique, qui venaient d'être proclamés dans la charte de 1830, furent méconnus. On n'eut égard ni aux sympathies des pères de famille, qui se déclaraient en faveur de ces écoles, ni aux services des Frères qui avaient été à Lille, comme partout, les véritables fondateurs de l'instruction du peuple, ni aux réclamations du Gouvernement, ni à la pétition de 4203 citoyens.

Cependant, douze ans de calme et de paix publique

ont succédé à quelques jours d'orage, et les écoles de la doctrine chrétienne n'ont point recouvré leur état normal.

Cette situation, Messieurs, est très-préjudiciable aux intérêts de l'instruction. Le nombre des élèves des écoles des Frères s'est toujours accru, et, comme il n'est pourvu à l'enseignement, que par des souscriptions toujours éventuelles, cet enseignement est loin d'être assuré.

Nous lisons dans un rapport de la commission des écoles chrétiennes, publié en 1833, que l'on faisait face alors à l'instruction de 1462 élèves, à raison de 10 f. 68 par an pour chaque élève, y compris les dépenses pour le loyer des classes et de la maison-mère, de sorte qu'en supposant les locaux fournis gratuitement, comme ils le sont pour les écoles mutuelles, le terme moyen par élève se trouverait réduit à 8 f. 80. Cette commission n'a pas publié de documents qui me permettent de faire connaître son budget. Mais voici des renseignemens que j'ai tous recueillis moi-même et dont je puis garantir l'exactitude.

28 Frères sont employés et 24 seulement sont rétribués.

Les élèves abondent, surtout dans les classes élémentaires ; leur nombre est tel qu'un Frère doit instruire plus de cent enfants. Il y a là une disproportion, devant laquelle on doit craindre que le zèle et les soins des Frères ne restent en partie infructueux, sous le rapport de l'efficacité de la méthode d'enseignement qu'ils emploient.

Les Frères n'ont point assez de relâche et succombent à la peine ; douze ont été malades, l'an dernier, à peu près en même temps, et plusieurs écoles ont dû être fermées.

Les livres, le papier, les plumes, sont généralement à la charge des parents, et la commission ne fait aucune distribution d'effets.

Monsieur le Préfet qui visita les écoles chrétiennes, il y a trois ans, reconnut que le matériel des classes laissait à désirer. Aussi appela-t-il en 1841 l'attention du

Bureau de bienfaisance sur cet objet, en demandant qu'il lui fût fait une proposition tendant à répartir entre les écoles mutuelles et les écoles des Frères une somme de 1350 f. dont on pouvait alors disposer. Il lui fut répondu que, d'après les titres des fondations, les écoles des Frères quoique gratuites ne pouvaient recevoir de secours, parce qu'elles n'étaient pas communales.

En 1835, 1836, 1837 et 1838, les enfants indigents des écoles chrétiennes reçurent des Bureaux de paroisse leur part d'une somme de mille francs, provenant d'une allocation du Bureau de bienfaisance en faveur de tous les enfants indigents sans distinction, pourvu qu'ils reçussent de l'instruction. En 1839 ce secours vraiment libéral, distribué avec tant de justice et de discernement par MM. les Pauvriseurs, fut supprimé.

Quelques-uns des locaux occupés par les Frères n'offrent pas non plus pour les enfants toutes les conditions désirables. C'est surtout aux classes élémentaires que cette observation doit s'appliquer, à raison, comme nous l'avons dit plus haut, du grand nombre d'enfants qu'elles contiennent.

Quant à la discipline et à la moralisation des enfants, nous pensons que nulle part ailleurs on n'obtient de meilleurs résultats. L'assiduité aux classes, la présence du lundi, l'exactitude au catéchisme et à la messe du dimanche sont l'objet de la surveillance et des soins continuels des Frères. Mais ce que nous pouvons ajouter, c'est que ces soins seraient couronnés de plus de succès, tant pour les écoles des Frères que pour les écoles mutuelles, si toutes les écoles étaient placées sous la même main et recevaient une direction unique. On parviendrait ainsi à empêcher ces migrations d'une école à une autre qui se présentent comme une ressource aux écoliers les moins recommandables, pour échapper à telle ou telle disposition réglementaire. On fortifierait ainsi l'autorité des maîtres, et l'on aurait plus de moyens de prévenir ou de réprimer ces dispositions à l'insubordination et ce mépris de la règle , qui préparent de si graves dangers pour la société.

## RÉSUMONS-NOUS.

L'instruction actuelle donnée aux 2,138 élèves des écoles chrétiennes n'est pas assurée. Elle réclame d'ailleurs un complément en ce qui concerne les classes élémentaires, le nombre des maîtres n'étant point proportionné pour ces classes à celui des élèves.

Plusieurs des écoles manquent de préaux , laissent à désirer sous le rapport des locaux et des conditions générales de salubrité.

Les livres, le papier , les plumes nécessaires à l'instruction des enfants indigents ne leur sont pas assurés.

Ces mêmes enfants sont privés de la faveur des bourses communales accordées pour l'admission à l'école primaire supérieure.

Ils sont privés en outre du bénéfice des anciennes fondations.

La discipline générale des écoles est entravée par le manque d'unité de direction.

Le système d'exclusion, suivi à l'égard des Frères, s'étend aux écoles de garçons des autres communions.

Cette situation anormale, contraire non-seulement à la justice et à la liberté , mais encore à l'ordre et au bien des écoles, ne peut être changée que par nous, Comité d'instruction, opposant aux passions la voix de la raison et les lumières de la vérité. Mais ne nous faisons pas illusion ! Il faut qu'on nous voie tous unanimes, sacrifiant même nos propres sympathies et quelques préventions à l'intérêt des enfants. Si, pour nous, la question à l'ordre du jour devient une question politique, si nous sommes chancelants , divisés, nous ne donnerons pas à l'Administration la force dont elle a besoin pour tenir tête aux hommes exclusifs qui substituent leur vœu particulier à l'intérêt général de l'enseignement et à l'égalité de la loi. La mesure désastreuse que nous déplorons recevra une sanction nouvelle; nous deviendrons devant nos concitoyens et devant nos consciences les auteurs et les consécrateurs du mal, que nous étions appelés à faire cesser. Nous frapperons d'anathème, dans l'opinion de nos concitoyens, d'humbles et utiles instituteurs, bien innocents de toutes nos querelles.

Je vous demande, Messieurs, de prendre la délibération suivante :

Attendu qu'au nombre des attributions confiées aux comités communaux par l'article 21 de la loi du 28 juin 1833, sont celles 1° de s'assurer qu'il est pourvu à l'enseignement gratuit des enfans pauvres; 2° de faire connaître au Comité d'arrondissement les divers besoins de la Commune, sous le rapport de l'instruction primaire;

Attendu que l'instruction d'une partie notable des enfans de la Commune (les 2/3 des garçons) n'est point assurée par des crédits spéciaux et réguliers, que le nombre des garçons professeurs n'est pas proportionné à celui des élèves, que plusieurs locaux sont insuffisants ;

Attendu qu'un grand nombre d'enfants indigents, fréquentant les écoles de la doctrine chrétienne, se trouvent privés des bourses d'admission à l'école primaire supérieure et du bénéfice des fondations ;

Attendu que les quatre écoles mutuelles actuellement existantes peuvent à peine recevoir 800 enfants et sont loin de satisfaire aux besoins de la population ;

Attendu qu'il résulte évidemment de la loi du 28 juin que les Communes sont tenues de pourvoir, à leurs frais, à l'entretien des écoles publiques et qu'on ne saurait reconnaître comme telles des écoles privées, dans lesquelles l'admission des enfants est facultative et non obligatoire ;

Attendu que le nombre des enfants reçus dans les écoles de la doctrine chrétienne, nonobstant la privation des avantages ci-dessus rappelés, est un témoignage éclatant des sympathies et du vœu des pères de famille, vœu reconnu par l'article 3 de la loi du 28 juin ;

Attendu que le choix de l'enseignement, accordé à tous dans l'ordre de l'instruction primaire par cette même loi, n'existerait pas pour les citoyens indigents, si les Conseils municipaux ne tenaient pas compte des sentiments des populations [1] ;

Attendu que l'existence d'écoles privées, recevant les deux tiers de la population et dirigées par une commission qui n'émane d'aucun pouvoir légal, est un état anormal peu propre à établir des rapports de gratitude et de sympathie, si désirables entre l'autorité publique et les jeunes générations ;

Attendu que le Conseil général du département du Nord, dans sa session de 1837 ( page 30 ), a exprimé le vœu renouvelé depuis, plusieurs fois, *que les Conseils municipaux soient tenus d'apporter dans l'allocation des fonds en faveur des écoles un esprit de libéralisme élevé, protecteur de toutes les méthodes utiles, et étranger à tous systèmes exclusifs ;*

Attendu que Monsieur le Ministre de l'instruction publique, par deux lettres écrites à Monsieur le Préfet du Nord, le 21 septembre et le 28 octobre 1835, l'engage à insister auprès du Conseil municipal de Lille, afin de rétablir les écoles des Frères en concurrence avec les écoles mutuelles, et d'exciter une émulation avantageuse aux progrès de l'instruction publique ;

Attendu que non-seulement le niveau de l'instruction, mais celui de la discipline générale et de la moralisation des enfants, ne peut que s'élever par la concurrence entre les écoles mutuelles et les écoles de la doctrine chrétienne ;

Attendu que le refus d'allocation aux écoles des Frères

---

[1] Il ne faut pas confondre la liberté d'enseignement dans l'ordre primaire avec la même liberté dans l'ordre secondaire. Dans ce dernier ordre, il n'y a point encore de loi d'organisation, tandis que dans l'ordre primaire, il y a une loi constitutive, celle du 28 Janvier 1833, dont les écoles publiques perdraient le bénéfice, si les Conseils municipaux ne se rendaient pas au vœu des populations. Il n'y aurait alors de liberté que pour les écoles privées.

devient forcément une cause d'exclusion pour les classes de garçons des autres communions ;

Le comité émet les vœux suivants : 1° que de nouvelles écoles communales soient ouvertes pour assurer l'instruction générale des 2138 élèves, qui en sont actuellement privés ;

2° Qu'il soit porté au budget de 1843 un crédit de trente-deux mille francs, si ces écoles sont mutuelles et de 24,000, si elles sont confiées aux Frères de la doctrine chrétienne ;

3.° Que dans l'intérêt des finances de la ville et du bien général de l'enseignement, elles soient dirigées par les Frères, dont les écoles, établies à Lille depuis 25 ans, toujours florissantes, toujours en progrès, ont mérité la reconnaissance et la confiance de l'Administration et des familles ;

4.° Qu'une ampliation de votre délibération soit adressée à Monsieur le Maire de Lille, une seconde au Comité supérieur, et une troisième à Monsieur le Préfet.

Je n'ajouterai plus que quelques mots, Messieurs, à l'énumération des faits qui précèdent, et qui sont plus éloquents que ne le seraient mes paroles. J'ai à cœur d'obtenir l'unanimité de vos suffrages, dans l'intérêt de la cause que je défends. Je me suis abstenu de tout rapprochement entre les écoles, tant sous le rapport de l'éducation morale et religieuse que sous celui de l'instruction. Je n'ai ouvert aucun champ aux passions. Certes, je n'ai point à craindre de voir s'élever ici aucune des accusations si souvent portées contre les Frères. Cependant encore une fois, je tiens à l'unanimité de vos suffrages, et pour dissiper toutes les préventions, je vais rapidement répondre à tous les griefs.

On a allégué que les Frères recevaient peu d'indigents dans leurs classes. Or, d'après le dernier état des ré-accordées par le Bureau de charité de Saint-

Sauveur aux enfants indigents qui fréquentent les écoles, 100 récompenses ont été décernées à l'école des Frères de la rue de Poids, et 57 aux deux écoles mutuelles de la rue Wicar et de la cour des Bourloires. Ce renseignement authentique m'est fourni aujourd'hui même par M. Amblart, membre du Bureau.

Ce qu'on a dit de l'efficacité de l'enseignement mutuel, sous le rapport de la rapidité de l'enseignement, n'est plus maintenant un grief contre les Frères, puisqu'ils ont aussi recours à cette méthode, qu'avec beaucoup de sagacité ils n'appliquent qu'aux premiers éléments.

Les Frères ont, dit-on, leur Supérieur général à Rome. On se trompe. Les Frères de la doctrine chrétienne sont un ordre français, dont la maison-mère et le Supérieur général sont à Paris. Ils ont en France plusieurs noviciats autorisés par l'État. Le Conseil général de la Seine-Inférieure, et je crois aussi, quelques autres Conseils généraux leur ont confié la direction d'écoles normales départementales.

Les règlements et tous les livres des Frères sont approuvés par le Conseil royal de l'instruction publique.

Ce sont les Frères qui, vers le milieu du XVII.ᵉ siècle, ont les premiers assuré l'instruction des enfants du peuple en ouvrant des écoles publiques entièrement gratuites.

L'existence de l'institut des Frères a été reconnue par le décret du 17 Mars 1808, qui accorde à leur Supérieur le titre de membre de l'Université.

En 1822, l'institut comptait 180 maisons; en 1823, 210 et 64,000 élèves; en 1833, 241 maisons et 92,999 élèves. A cette époque, le Ministre de l'instruction publique décora de la croix de la Légion d'honneur le Supérieur actuel des Frères qui, par humilité, n'a jamais porté sa décoration.

Les Frères, quoiqu'ils consentent à recevoir le nom d'*ignorantins*, ne s'instruisent pas moins toute leur vie. Chacune de leurs maisons est en même temps une école normale. J'ai visité plusieurs fois leur maison de Lille ; j'ai assisté à leurs exercices et à leurs études du matin et du soir. Je les ai vus se faire tour-à-tour maîtres et élèves, pour chercher à prévoir toutes les demandes des enfants.

Avant qu'un Frère entre en classe, il s'est préparé lui-même à la leçon et a pourvu à l'ordre matériel avec une exactitude admirable, que les enfants suivent par imitation.

Leur vie de sobriété et de tempérance, leur vœu de pauvreté, et en même temps, leur patience, leur sérénité, sont des exemples perpétuels qui parlent à l'âme des enfants, et leur montrent où résident véritablement le bonheur et la dignité.

« Le Frère des écoles chrétiennes, dit M. Lorain, proviseur du collège royal de Saint-Louis, dans son tableau de l'instruction primaire en France, le Frère des écoles chrétiennes est, dans la classe où il enseigne, et hors la classe, quand il s'y prépare, renfermé tout entier dans les devoirs auxquels il s'est donné. Car telle est la vie du *frère ignorantin* : les dissipations du monde, les plaisirs de famille, le soin de son avenir, le vain désir de renommée ne lui font nul souci. Le maître auquel il obéit l'envoie ; il arrive ; des lettres d'obédience le rappellent ; il est prêt. En tout, il accomplit son œuvre avec le même zèle que s'il avait à faire sa réputation ou sa fortune, et cependant les revenus de l'école ne passent même pas par ses mains ; et les plus brillants succès peuvent-ils toucher un homme qui a renoncé même à son nom. Certes, frère Euthyme, ni frère Amphiloque, ne visent à la gloire, et jamais vœux plus humbles ne furent plus religieusement accomplis. »

Voici d'autres témoignages non moins décisifs en pa— reille matière.

M. Guizot écrivait, en 1833, la lettre suivante à

M. le Supérieur général des Frères de la doctrine chrétienne :

A MONSIEUR LE SUPÉRIEUR GÉNÉRAL DES FRÈRES DES ÉCOLES CHRÉTIENNES.

« Monsieur, des écoles gratuites et des cours publics
» spécialement destinés aux adultes et aux ouvriers ont
» été ouverts depuis quelque temps dans les différents
» quartiers de Paris. Je me propose non‑seulement
» d'encourager ces nobles efforts pour l'instruction pra-
» tique de la population laborieuse parvenue à l'âge
» viril, mais encore d'assurer et de compléter, par
» l'action directe du Gouvernement, ce qui n'a pu guère
» s'étendre jusqu'ici au delà de tentatives partielles et
» un peu précaires. Je sais, Monsieur, avec quel zèle
» et quelle intelligence les Frères des écoles chrétiennes
» se sont déjà occupés de cette œuvre. J'ai connais-
» sance de cinq écoles d'adultes dirigées par eux, et
» dans lesquelles se réunissent tous les soirs plus de 700
» ouvriers. Mais j'ai lieu de croire que ces documents
» sont incomplets, et avant d'employer, pour procurer
» à ce genre d'instruction populaire le développement
» et l'efficacité désirables, les moyens qui sont en mon
» pouvoir, j'ai besoin de connaître exactement, d'une
» part, ce qui est déjà fait ; de l'autre, quelle exten-
» sion pourraient donner à leurs travaux les associations
» religieuses et philantropiques qui ont si bien commencé.
» Je vous prie donc, Monsieur, de vouloir bien fournir,
» en ce qui vous concerne, les lumières que je
» cherche. . . .
» Je ne doute pas que vous ne saisissiez, avec votre
» zèle accoutumé, l'occasion d'agrandir l'œuvre charitable
» à laquelle vous avez déjà, et sans bruit, consacré vos
» efforts. J'attends de votre part une réponse prompte
» et précise qui me mette en mesure d'agir efficacement.

GUIZOT. »

Voici un extrait du rapport de M. Cousin sur l'instruction publique dans quelques pays de l'Allemagne :

« La Religion est , à mes yeux , la meilleure et
» peut-être même la base unique de l'instruction popu-
» laire. Je connais un peu l'Europe , et nulle part je
» n'ai vu de bonnes écoles du peuple, où manquait la
» charité chrétienne. L'instruction primaire fleurit dans
» trois pays : la Hollande , l'Ecosse et l'Allemagne : or ,
» là elle est profondément religieuse. On dit qu'il en est
» de même en Amérique. Le peu que j'ai rencontré
» d'instruction en Italie s'y donne par la main des prêtres.
» *En France, à quelques exceptions près , nos meil-*
» *leures écoles pour les pauvres sont celles des Frères de*
» *la doctrine chrétienne.* Voilà ce qu'il faut répéter sans
» cesse à quelques personnes. Qu'elles entrent dans les
» écoles de pauvres , et qu'elles apprennent ce qu'il faut
» de patience et de résignation pour persister dans ce
» rude métier. »

M. Villemain , dans son rapport du 1.er novembre 1841 ,
s'exprime de la manière suivante :

« Les Frères sont placés dans les Communes soit
» comme instituteurs privés , soit comme instituteurs
» publics : dans l'une et dans l'autre de ces positions ,
» ils sont soumis au droit commun. Pendant beaucoup
» d'années, et jusqu'à l'ordonnance du 18 avril 1831 ,
» les Frères obtenaient l'autorisation de se livrer à
» l'enseignement, sur le vu de la lettre d'obédience à
» eux délivrée par leurs Supérieurs. Ils sont obligés
» aujourd'hui de soutenir, comme tous les autres aspirants,
» des examens publics devant les commissions établies au
» chef-lieu de chaque département. S'ils veulent diriger
» une école privée , ils doivent, comme tous les autres
» instituteurs, faire leur déclaration au Maire , en lui
» présentant un certificat de moralité et leur brevet de
» capacité. Pour exercer en qualité d'instituteurs commu-
» naux , il faut qu'ils soient , comme tous les autres

» instituteurs publics , présentés par le Conseil municipal,
» nommés par le Comité d'arrondissement et institués par
» le Ministre.

» L'abandon du privilége dont ces associations jouis-
» saient avant 1830, leur a été généralement utile. Elles
» ont jugé qu'elles avaient de grands efforts à faire pour
» soutenir avec succès la concurrence des autres écoles.
» Beaucoup de leurs membres se sont mis en état de
» suivre de bonnes méthodes d'enseignement, en même
» temps qu'ils inspiraient la confiance par la pureté de
» leur conduite et par leur piété. Là où ils s'établirent
» comme instituteurs publics ou privés, leurs écoles furent
» généralement très-fréquentées.

» Pour se recruter, ils ont formé des maisons de
» noviciat, où les élèves sont particulièrement exercés
» aux fonctions de l'enseignement. Ces maisons sont
» soumises comme les écoles à la surveillance de l'Admi-
» nistration, et aucune difficulté ne s'est jamais élevée à
» cet égard. On peut donc dire que les membres des
» associations religieuses, voués à l'instruction primaire, ne
» sont dispensés d'aucune des obligations imposées aux
» instituteurs laïques, et qu'ils ne se distinguent de ces
» derniers que par les obligations volontaires auxquelles
» ils se soumettent envers leur association , et qui ont
» toutes pour objet des règles de conduite et de discipline
» intérieure. Le Gouvernement s'est fait jusqu'ici un devoir
» de soutenir les efforts de ces instituteurs si humbles
» et si dévoués, qui se renferment dans les limites de
» leur modeste et utile mission, et se montrent géné-
» ralement étrangers aux passions politiques qui peuvent
» s'agiter autour d'eux. »

Enfin , M. Charles Dupin, dans une des dernières
séances de l'Académie des sciences morales et politiques,
porte le jugement qui suit, sur les Frères des écoles
chrétiennes dirigées en Bretagne par M. l'abbé de La
Mennais ( ces Frères ne diffèrent de ceux de M. de La

Salle que par la faculté qu'ils ont de pouvoir être employés seuls par les Communes pauvres ).

« Ce qui suffit à ces missionnaires de l'instruction » serait regardé par les instituteurs laïques comme le » dernier degré de la misère. Chaque année, l'ensei- » gnement primaire coûte au delà de dix millions à la » France, et de toutes parts retentissent des cris d'in- » suffisance de traitement et de logement des maîtres ; » leurs prétentions grandissent avec leur savoir ; c'est tout » simple, mais la fortune des villages est hors d'état d'y » suffire.

» Dans une intention excellente, les écoles s'efforcent » d'étendre et d'élever l'instruction des instituteurs pri- » maires : le but est louable ; mais ne dépasse-t-on pas » le but ? Je le crois ; et ce qui le prouve à mes yeux, » c'est que dans les villages les maîtres d'école ont une » extrême tendance à quitter la carrière de l'enseignement » pour devenir conducteurs des ponts-et-chaussées, » commis de maisons de commerce, etc., etc. Les » liens de la foi chrétienne retiennent les Frères, et les » garantissent de semblables tentations : ils ont adopté » leur profession pour rester pauvres. Ils n'ont pas, je » le répète, de famille dont les besoins se multiplient » et stimulent leur sollicitude ; leur avenir ne se repose » pas sur les prospérités de cette terre. Voilà le côté » sublime de leur institution ; respectons-le, bénissons-le.

» En définitive, laissons la plus libre concurrence se » développer dans les villes et les campagnes, entre » l'enseignement des laïques et celui des Frères ; que » les uns prennent l'avance pour le perfectionnement des » méthodes et pour l'étendue de l'instruction ; que les » autres déploient leur supériorité dans la discipline, la » régularité, la moralité, la religiosité de leur action et » de leurs préceptes ; qu'ils empruntent les uns aux » autres ce qui manque à chacun d'eux ; voilà l'ému- » lation généreuse qu'il faut substituer au dénigrement,

» à la haine, et même aux persécutions qui trop souvent
» ont déshonoré les plus forts pour opprimer les plus
» faibles. »

Ces témoignages vous suffiront, je crois, Messieurs;
vous pouvez, je le répète, en jugeant la question des
écoles, au point de vue de la justice, de la charité et
des besoins de l'enseignement, comme il convient à un
Comité d'instruction, rendre un service immense à
l'Administration et au Conseil municipal, qui, jusqu'ici,
n'ont point été éclairés par une commission spéciale.
Ajouterez-vous à l'interdit politique de 1831, celui d'une
commission éclairée par douze ans de faits et d'expérience? Décidez.

Avant l'ouverture de la discussion, M. Ed. Gachet donne les explications suivantes :

« Dans le rapport lu à notre dernière réunion, il vous a été démontré, Messieurs, que le nombre actuel des écoles communales et même des écoles privées gratuites est insuffisant, et que l'instruction en souffre ; que les enfants indigents, fréquentant les écoles de la doctrine chrétienne, sont privés des bourses de l'école primaire supérieure et des bénéfices résultant d'anciennes fondations ; que l'instruction gratuite des enfants pauvres ne peut être légalement assurée que par un nombre plus considérable d'écoles communales ; que la rétribution des écoles des Frères par la Commune est le seul moyen de faire jouir les pères de famille indigents de la liberté d'enseignement accordée à tous, dans l'ordre primaire, par la loi du 28 juin 1833 ; qu'enfin, il est dans l'intérêt de la discipline générale des écoles, qu'elles soient toutes placées sous la même direction.

En vain on a allégué, pour écarter la discussion de notre proposition, qu'elle n'était point dans les attributions du Comité et qu'elle manquait d'opportunité. La simple lecture de la loi a suffi pour exposer nos droits ou plutôt nos devoirs. La conséquence était toute naturelle : qui dit devoir, dit opportunité. Vous avez donc adopté la prise en considération. Vous avez pensé qu'après douze ans, vous pouviez exprimer votre opinion sur la question pendante.

Avant toute discussion, j'éprouve le besoin de déclarer que je ne suis poussé à faire ma proposition par aucune considération politique, par aucune vue de parti. J'accomplis mon devoir, comme membre du Comité communal ;

4

je soutiens la même opinion que j'ai adoptée en 1831, après avoir visité pour la première fois les écoles des Frères. Si je défends mon opinion avec chaleur, c'est qu'elle me semble une question d'intérêt moral et de dignité pour les classes pauvres. On me rendra, j'espère, la justice de reconnaître que, comme membre du Comité supérieur, comme principal du collége, comme membre de Bureau de charité, j'ai toujours eu à cœur tout ce qui les touchait dans leurs besoins moraux et intellectuels. Assurer l'entrée des écoles aux enfants indigents, empêcher qu'ils ne soient relégués à l'écart, les pourvoir de livres, de papier, des objets que nécessite leur instruction, rendre partout complète et profitable l'instruction morale et religieuse, telle a été ma pensée constante. A Wazemmes, aux Moulins, à Wambrechies, j'ai poussé les Communes à adopter le système libéral des écoles entièrement gratuites. Quand il s'est agi de l'école primaire supérieure de Lille, j'ai défendu et appuyé ce même système, qui n'était pas d'abord celui de l'Administration et qu'elle adopta ensuite. Pour assurer l'entrée de cette école aux indigents, j'ai suggéré l'idée des bourses à un honorable Conseiller municipal. Quand il s'est agi de la conversion de notre collége communal en collége royal, je n'ai pas manqué de représenter que ce changement supprimerait l'externat gratuit pour tous, existant dans notre cité depuis plusieurs siècles pour toute la série des études littéraires. Dans le collége, j'ai toujours préparé, soutenu et encouragé des enfants intelligents sortant soit des écoles mutuelles, soit des écoles chrétiennes, soit des hospices, ne faisant, du reste, en cela, qu'imiter mes prédécesseurs. Deux des lauréats de la dernière distribution des prix d'excellence de Pâques sont sortis, l'un d'une école mutuelle, l'autre d'une école des Frères [1].

---

[1] Augmenter la puissance intellectuelle de chaque membre de la société, la faire tourner au profit de la communauté en enseignant dans les écoles, le

Je suis poussé enfin à faire ma proposition comme
catholique, parce que, à mes yeux, les institutions

dévoûment, la discipline, le respect des lois et de l'autorité, tel est le problème
à résoudre dans l'enseignement public. L'instruction sans la religion n'est que
l'exaltation de l'individu, exaltation souvent funeste à l'ordre et à la paix des
sociétés. Aussi, dans une autre proposition au Comité, je demande que l'on
attache un aumônier à l'école primaire supérieure et aux écoles mutuelles,
comme on l'a fait au collége.

Dans la discussion sur le projet de loi des prisons, qui a eu récemment lieu
dans les bureaux de la chambre des députés, un membre, ( M.ʳ de S.ᵗ Priest ),
a prononcé des paroles qui justifient complètement notre opinion. « Voulez-
vous, dit M.ʳ de S.ᵗ Priest, atteindre sûrement ce but, ( la moralisation )?
faites dominer l'élément religieux dans vos écoles ; que les jeunes gens y apprennent à redouter autre chose que le gendarme et le procureur du roi. Vaine-
ment vous multiplierez l'instruction. *La religion*, dit Bacon, *est l'aromate sans
lequel toute science se corrompt. Sans l'éducation*, dit Royer-Collard, *l'instruction n'est qu'un instrument de crime.* Ecoutons ces autorités graves en
pareille matière. Il résulte des chiffres comparés de la statistique criminelle
et de celle de l'instruction primaire, que là où il y a le plus d'instruction,
il y a aussi le plus de crimes. ( Guerry, *Statistique morale* ).

Est-ce à dire qu'on ne doit pas cultiver l'esprit de la jeunesse ? A Dieu ne
plaise que nous émettions une pareille proposition. Mais, dit M. Moreau Christophe, inspecteur-général des prisons : « Le mal vient uniquement du mode
» de culture. Le mode actuel vicie la semence dans son germe, et ne fait
» produire au sol que des fruits inutiles et dangereux. Tout, dans l'enseigne-
» ment de nos écoles, est sacrifié aux agréments du corps, de la mémoire ou
» de l'esprit ; rien n'y est réservé pour les vertus du cœur. On peut être habile
» ou savant quand on en sort, mais, à coup sûr, on n'est pas vertueux.
» L'instruction fait naître une foule de besoins nouveaux, qui, s'ils ne sont
» pas satisfaits, poussent au crime ceux qui les éprouvent. Il est donc dans
» sa nature d'augmenter plutôt que de diminuer les crimes. » ( Beaumont et
Tocqueville, du système pénitentiaire. )

Voulez-vous savoir encore ce que produit l'instruction dénuée de morale religieuse : « Les hommes qui avaient reçu une instruction supérieure au premier
» degré ont montré *sept fois plus de propension au crime que ceux qui avaient
» reçu seulement les bienfaits de l'instruction primaire.* » ( Rapport de M.
de Morogues, à la chambre des pairs, 1834. )

« Paris, dit encore M. Moreau Christophe, a dépensé pour l'amélioration
» de ses prisons onze millions depuis quelques années ; où sont les fonds
» qu'il a dépensés pour l'amélioration morale de ses écoles ? »

Espérez-vous moraliser les prisonniers avec la simple morale ? Mais dirai-je
avec l'auteur que je me plais à citer : « La morale n'a pu les empêcher de
» faillir, comment la morale les relèverait-elle après leur chute ? Quelle morale
» au surplus leur prêcherait-on ? La morale des intérêts, on ne connaît que
» celle-là dans le monde. Or, c'est celle-là qui les a perdus. Il leur en faut
» donc une autre qui ait la puissance de les sauver. Cette autre, *c'est la foi qui
» relie à Dieu.*
» Mais pour donner la foi, il faut croire, et de plus, il faut vivre con-
» formément à ce que l'on croit. »

catholiques concilient la liberté et la dignité des citoyens avec le respect de l'autorité.

J'ai pensé que cette proposition convenait à un membre du corps enseignant, ayant acquis de l'expérience en matière d'éducation. J'ai pensé, avec un de nos honorables collègues, que nos concitoyens du Conseil municipal ne recevraient pas avec indifférence de nouvelles lumières et l'expression de nos vœux. Songez, Messieurs, que du moment où notre Comité intervient, du moment où il confirme une opinion déjà appuyée par le Gouvernement et l'Université, tout le monde est à l'aise, les fantômes disparaissent, les colères politiques s'apaisent, les amours-propres donnent leur démission, et il ne reste plus sur le terrain que l'intérêt des écoles.

La question, depuis notre dernière réunion, a fait un grand pas dans l'opinion publique. Qu'entendez-vous répéter de tous côtés dans les réclamations des journaux, dans les protestations des Bureaux de charité, dans les circulaires du Bureau de bienfaisance ? Un seul cri : Point d'exclusion ! Vous répondrez, Messieurs, vous, l'Administration et le Conseil à ce cri général : Point d'exclusion ! Pas plus pour le pain de l'intelligence que pour le pain matériel ; pas plus pour les bourses de l'école primaire supérieure et les avantages des anciennes fondations, que pour les secours du Pauvriseur ! Que la Commune conserve son beau nom et son titre de gloire, la Commune ! Que si plus tard quelques enfants sortant de ces écoles maintenant déshéritées, jettent sur elle quelque éclat, elle puisse dire : « C'est moi qui les ai formés, ce sont mes enfants ! »

---

Nous avons livré avec d'autant plus de confiance à la publicité le rapport qu'on vient de lire, qu'aucun fait n'a été contesté au sein du Comité. Il demeure établi que

2,138 élèves reçoivent l'instruction primaire dans des écoles instituées au moyen de sacrifices volontaires et dirigées par une commission en dehors de l'autorité ;

Que le montant de ces souscriptions, évalué à 24,000 francs par année, peut être considéré comme une ressource enlevée à la charité publique ;

Que dans les classes élémentaires des Frères, le nombre beaucoup trop considérable des enfants nuit à leurs progrès ;

Que les élèves indigents des écoles des Frères sont privés des bourses de l'école primaire supérieure et du bénéfice d'anciennes fondations ;

Que le refus d'une subvention aux Frères entraîne celui d'une subvention à l'école protestante de garçons.

Quelques membres du Comité ayant paru désirer qu'il ne fût point stipulé de somme dans le vœu à émettre, la conclusion a été formulée de la manière suivante :

Le Comité émet le vœu que les écoles chrétiennes actuellement existantes soient reconnues communales et subventionnées comme telles.

Cette conclusion a été adoptée par huit voix contre six. M. le Pasteur protestant a voté pour l'adoption. Un membre qui avait voté en faveur de la prise en considération, était absent.

---

Notre tâche est accomplie. Nous prions les personnes qui partagent nos opinions conservatrices de la société, vraiment libérales et progressives, de soutenir la cause de nos jeunes concitoyens. Nous prions nos adversaires de respecter nos intentions et de nous accorder la bienveillance et l'estime dues, à tout homme qui remplit avec dévouement et sincérité un devoir public.

ED. GACHET.

Lille, 13 Mai 1843.

Lille, imp. de L. Lefort. 1845.